EDICT DV ROY,

PORTANT SVPPRESSION

des Sergens des Tailles : & en leur lieu
Creation en tiltre d'Office hereditaire,
d'vn second Commissaire à faire les
Roolles des Tailles & autres deniers,
tant ordinaires qu'extraordinaires.

Verifié en la Cour des Aydes le 8.
Iuillet 1 6 2 4.

A PARIS,

Par P. METTAYER, Imprimeur & Li-
braire ordinaire du Roy.

M. DCXXXII.

Auec Priuilege de sa Majesté.

3

LOVIS PAR LA GRACE DE DIEV ROY DE FRANCE ET DE NAVARRE, A tous presens & à venir, Salut. Les grandes & excessiues despences que nous auons esté contraincts faire és années dernieres pour maintenir nostre authorité, & appaiser les diuers mouuemens qui ont eu cours en ce Royaume. Ayans non seulement espuisé le reuenu ordinaire de nos finances, mais aussi de beaucoup anticipé celuy des années suiuantes. Il est euident que si nous n'y eussions supplée par moyens extraordinaires nous eussions esté contraincts d'augmenter la leuée de nos Tailles, ou rechercher d'autres voyes beaucoup plus rigoureuses & plus preiudiciables à nostre peuple, que celles dont nous auons vsé iusques à present : En quoy nous pouuons dire que nous n'auons pas seulement regardé celles qui pouuoient le moins apporter de foulle & d'incommodité à nos subiets, mais aussi soigneusement examiné la forme & maniere en laquelle elles leur pouuoient estre plus faciles à supporter. Et pour cest effect, nous estant fait representer l'Edict par nous fait au mois de Iuin dernier, pour la creation d'vn Commissaire Collecteur de nos Tailles en chacune Paroisse, aux droicts y attribuez, & aux fonctions de Commissaire, Collecteur, Asseeur & Sergent des Tailles, auec exemption de dix liures de la grande Taille, & des autres à l'equipolent. Nous aurions recogneu que lesdites fonctiós

A ij

ainſi conioinctes apporteroient du deſordre à la leué
de noſdites Tailles, de l'oppreſſion à nos ſubiets, &
qui plus eſt, que leſdites exemptions reuenans à plu
ſde Deux cens cinquante mil liures, ſe ſeroit d'autan
urcharger les plus paoures, qui n'ont pas moyer
d'acquerir leſdites charges.   Au lieu deſquelles nou
ayant eſté propoſé de créer vn ſecond Commiſſaire
des Tailles, aux meſmes droicts & fonctions que ce
luy qui eſt à preſent eſtably par toutes les Paroiſſe
ſubietes à noſdites Tailles, nous aurions iugé le pou
uoir d'autant plus iuſtement faire, que ladite creation eſt beaucoup moins preiudiciable à noſtre peuple, que celle deſdits Commiſſaires Collecteurs, &
que les douze deniers pour liure ſur toutes nos Tailles, que nous entendons attribuer auſdits ſeconds
Commiſſaires n'apporteront aucune nouuelle char-
ge à nos finances, ains ſe prendront, Sçauoir ſix deniers reſtans aux Collecteurs des Tailles des douze
qu'ils prenoient ſur la Taille pour leur ſalaires & va-
cations ſans aucune attribution ny finance payée à
ceſte occaſion, Et pour raiſon dequoy les premiers
ſix deniers leur auroient eſté retranchez & attribuez
à d'autres offices de la vente & alienation, deſquels
nous auons receu de notables ſecours en la neceſſité
de nos affaires, ainſi que nous eſperons de ceſte-cy,
qui non ſeulement n'oſte rien auſdits Collecteurs,
puis qu'ils n'ont aucun tiltre de ceſte iouyſſance, mais
leur apportera plus de ſoulagement qu'ils ne rece-
uoient d'vtilité des ſix deniers, leſquels és Paroiſſes
mediocres ne reuiennent qu'à trois ou quatre liures
diſtribuez à ſix ou à quatre Collecteurs, lequel profit
eſt encores beaucoup moindre és petites Paroiſſes
dont le nombre eſt le plus grand, eſquelles il n'arri-

ue d'estre Collecteur à son tour qu'apres douze ou quinze ans, au lieu dequoy nous les deschargeons d'aduancer les deniers des opposans aux Roolles des Tailles & des salaires & taxations des Sergens & de plusieurs autres frais & incommoditez qu'ils reçoiuent à la recolte de nosdits deniers, & qui plus est, leur attribuons la faculté de faire eux-mesmes ou faire faire par telles personnes que bon leur semblera, encores qu'ils ne soient Huissiers ou Sergens, les exploicts, commandemens & executions necessaires pour le payement de nos Tailles auec les esmolumens qui en pourront prouenir au lieu des Sergens & Collecteurs desdites Tailles, que nous entendons aussi supprimer par le present Edict, & moyennant leur remboursement attribuer les six deniers qui leur estoient attribuez ausdits seconds Commissaires pour faire les douze deniers, dont nous entendons qu'ils iouyssent ainsi que les anciens. De sorte que par ce moyen nous pourrons sans aucune foulle de nostre peuple ny de nos finances retirer vn notable secours en la necessité de nos affaires, qui nous oblige à pouruoir non seulement à ce qui est du dedans : mais aussi du dehors pour empescher & préuenir les diuers accidens qui pourroient troubler la paix & le repos dont nos subjects iouyssent, & que nous desirons asfermir par tous moyens possibles. C'est pourquoy ayant mis ceste affaire en deliberation en nostre Conseil, où estoient la Royne nostre tres-honorée Dame & Mere, aucuns Princes de nostre sang, & autres Princes & Officiers de nostre Conseil, de leur aduis, & de nostre certaine science, pleine puissance &authorité Royale, Auons par cestuy nostre present Edict par nous fait au mois de Iuin dernier, portant

A iij

la creation des Commiſſaires Collecteurs de nos
Tailles. Enſemble celuy du mois de
portant creation des Offices de Sergens & Collecteurs deſdites Tailles, que nous auons eſteins &
ſupprimez, eſteignons & ſupprimons. Et par le meſ-
me preſent Edict perpetuel & irreuocable crée &
erigé, creons & erigeons en chef & tiltre d'office
formé vn ſecond Commiſſaire de nos Tailles en toutes les Paroiſſes des generalitez de noſtre Royaume,
où il y en a d'eſtablis pour en iouyr hereditairement
par ceux qui en ſeront pourueus ou acquereurs, leurs
hoirs, ſucceſſeurs & ayans cauſe aux meſmes hon-
neurs, priuileges, exemptions, pouuoirs & fonctions
attribuez auſdits anciens Commiſſaires en vertu de
leurs Edicts de creation & de reuente, & autres cy
apres ſpeciez, & à pareils & ſemblables droicts de
douze deniers pour liure, qui leur ſeront annuelle-
ment payez par les Collecteurs de nos Tailles, qui
ſeront tenus de les porter és villes où ſont les Bureaux
de nos Eſlections, és mains des adiudicataires deſdits Offices, ou de leur Commis, ſi mieux ils n'ay-
ment les receuoir par les mains deſdits Collecteurs
és Paroiſſes, où il ſeront eſtablis à leur choix & op-
tion, & à ce faire ſeront leſdits Collecteurs con-
traints comme pour nos propres deniers & affaires,
deſrogeant pour ce regard à tous Reglemens que
pourrions auoir cy deuant faits à ce contraires. Et ſe
prendront iceux douze deniers, àſçauoir, ſix deniers
dont iouyſſent encores à preſent leſdits Collecteurs
des Tailles, à commencer du premier iour de Iuillet
prochain, apres lequel nous n'entendons plus qu'ils
reçoiuent aucune choſe pour la leuée de noſdites
Tailles, mais qu'ils le facent gratuitement, ainſi que

celles d'Escheuins, Marguilliers, & autres charges
publiques, selon que les habitans en general cognoi-
stront que chacun le pourra mieux & plus commode-
ment faire. A quoy nous leur enioignons tres-ex-
pressement d'auoir d'oresnauant esgard, sur les peines portées par nos Ordonnances, que nous voulons
estre exactement obseruées pour ce regard, & pour
soulager aussi d'autant plus lesdits Collecteurs, nous
leur auons permis & permettons de nommer l'vn
d'entr'eux qui sçaura escrire, auquel nous auons donné & donnons pouuoir de faire tous exploicts &
contrainctes requises & necessaires pour la leuée &
perception de nosdites Tailles, sans toutesfois qu'ils
puissent rien prendre pour le premier commende-
ment, mais seulement pour le second deux sols: pour
execution sans deplacer, quatre sols, pour chacune
vente de biens, huict sols, & lors qu'ils seront trans-
portez hors la Paroisse vingt sols tournois, outre les
frais du transport: Lesquels esmolumens se partage-
ront entre lesdits Collecteurs esgallement, reserué
que celuy qui escrira les exploicts aura le double des
autres, & au cas qu'il ne s'en trouuast aucun d'entre
eux qui sçeust escrire, ou qu'ils le trouuassent plus à
propos pour leur commodité, pourront prendre tel
que bon leur semblera, pour faire ladite fonction,
encores qu'il ne soit Huissier ou Sergent, & le con-
tenter de son salaire, ainsi qu'ils le verront bon estre,
pour partager esgalement le surplus entre eux, &
les autres six deniers, faisant les douze deniers attribuez ausdits seconds Commissaires: Nous voulons &
entendons qu'ils leur soient payez au lieu de ceux
dont iouyssent lesdits Sergens des Tailles, apres toutesfois qu'ils auront esté remboursez actuellement,

& à vn seul payement de la finance par eux payée en nos coffres, ensemble de leurs frais & loyaux cousts, selon la liquidation qui en sera faicte par les Commissaires qui a ce faire seront par nous deputez, ou leurs subdeleguez, suiuant la Commission que nous en expedierons à nosdits Commissaires. Moyennant quoy, lesdits seconds Commissaires iouyront desdits douze deniers tournois pour liure, ainsi que lesdits autres Commissaires en iouyssent, suiuant la vente & reuente qui leur en a esté faicte sur toutes nos Tailles, Taillon, Creuës de garnisons, & autres Creuës & leuées ordinaires & extraordinaires qui se feront par assiette & roolles particuliers en quelque sorte & maniere que ce soit : mesmes sur les droicts de signatures de Roolles, & autres attribuez aux Esleus, & autres Officiers de nos Eslections, frais d'assiette, & generalement sur tout ce qui sera compris aux Roolles des Parroisses, conformement à nostre Edict du mois de Ianuier mil six cens vingt-vn, & Arrests interuenus en consequence d'iceluy, sans que cy-apres il y puisse estre fait aucun rettanchement. Et afin de donner plus d'occasion à nos subiets de se rendre adiudicataires desdits nouueaux Offices de Commissaires des Tailles creez par le present Edict : Nous auons permis & permettons aux acquereurs d'iceux de rembourser, si bon leur semble, les proprietaires desdits anciens Commissaires de la finance par eux payée en nos coffres, frais & loyaux cousts, suyuant la liquidation qui en sera, comme dit est, faite, moyennant quoy ils iouyront du total desdits deux sols pour liure attribuez ausdits deux Offices ; Et pour faciliter aussi l'exercice desdites charges, & soulager tant lesdits Asseeurs & Collecteurs de la

de la peine qu'ils auoient de faire plusieurs Roolles,
& de la reduction au sol la liure des diuerses taxes des
particuliers en chacun des Roolles qui se souloient
faire. Nous voulons qu'à l'aduenir il ne soit fait qu'vn
seul & mesme Roolle pour toutes les natures de nos
deniers, dont les Commissions seront enuoyées par
les Esleus au commencement de l'année, sur lequel
Roolle chaque particulier sera cottisé par vne seule
taxe pour toutes les natures contenuës en nosdites
Commissions, esquelles chaque nature de deniers
sera exprimée, comme cy deuant, & à la fin du Roolle sera fait mention, és mains de quels de nos Rece-
ueurs chaque nature desdits deniers contenuës esdi-
tes Commissions, doiuent estre portées, & toutes
les Commissions pour leuée de deniers, suruenans
au courant de l'année, seront assises au sol la liure,
sur le pied dudit Roolle. Et neantmoins n'entendons
faire aucun preiudice à tous les droicts de verifications & signature de Roolles attribuez aux Esleus,
lesquels ils receuront suiuant les Edicts, par lesquels
ils leur sont attribuez. Comme aussi afin de rendre
lesdites charges de Collecteurs moins onereuses,
lesquels cy deuant estoient contraincts d'aduancer
leurs deniers de plusieurs cottisez, opposans aux
Roolles des Tailles, qui obtenoient des surseances
des Iuges. Nous voulons que lesdits Roolles soient
executez par prouision, contre toutes sortes de personnes comprises en iceux, Nonobstant oppositions
ou appellations quelconques. Et defenses à tous nos
Iuges inferieurs & Cours des Aydes d'en donner aucune surseance, estant beaucoup plus raisonnable
que les cottisez aduancent leurs taxes, que les Collecteurs pour eux. Et d'autant qu'aucuns Officiers

de nos Eſlections ſe font aduancer par noſdits Collecteurs leurs droicts de verifications & ſignature de
Roolles & autres droicts à eux attribuez, pour toute
l'année dés le commencement, encores qu'ils ne
ſoient deubs que par quartiers, comme nos deniers.
Nous defendons tres-expreſſément à nos Eſleus de
les contraindre d'aduancer leſdits deniers, à peine de
concuſſion, ains entendons qu'ils les reçoiuent d'i-
ceux ſeulement par quartier, comme ils leur appar-
tiennent. Et ſeront les Aſſeeurs des Tailles de chacune Paroiſſe tenus incontinent apres nos Commiſ-
ſions à eux enuoyées par nos Eſleus, s'aſſembler en la
maiſon du Commiſſaire en chacune Paroiſſe, ſon
Fermier ou Commis, ou en celle qui ſera par luy
choiſie à ceſt effect, lequel Commiſſaire ſera ſeulement tenu d'eſcrire ou faire eſcrire les Roolles ſoubs
les Aſſeeurs, ſans qu'il puiſſe eſtre tenu d'aucune
maluerſation, que de celle qu'il pourroit commettre
en ſon eſcriture, attendu qu'il n'a aucune voix delibe-
ratiue en ladite aſſiette. Et pour empeſcher la confu-
ſion qui ſe rencontroit par la diuerſité des perſonnes
qui s'entremettoient dans les Paroiſſes de receuoir
les nominations des Aſſeeurs Collecteurs, deliberá-
tions des Communautez, pour ce qui regarde nos
Aydes, Tailles, & leuées de deniers, Affirmations
des particuliers touchant les Aydes, Nous voulons
que leſdits Commiſſaires au reſſort de leur eſtabliſſe-
ment reçoiuent tous ſermens de nomination d'Aſſeeurs Collecteurs, deliberations de Communautez, pour ce qui concerne le fait de noſdites Aydes,
Tailles, & autres leuées de deniers, & les Affirmations des Hoſteliers, Tauerniers & Cabaretiers, &
autres vendans vin au lieu des Curez, Vicaires ou

Notaires, de tous lefquels actes, iceux deliurant, ils prendront le falaire accouftumé. Et afin de faciliter la vente defdits offices de Commiffaires des Tailles, & en augmenter le prix pour fubuenir à la neceffité de nos affaires. Comme auffi pour leur donner fub- jet de vacquer plus diligemment à l'exercice de leurs charges, Nous les auons exemptez & exemptons, enfemble les Commis ou Procureurs qu'ils pour- roient mettre en leur lieu, de toutes charges perfon- nelles, tant ordinaires qu'extraordinaires, foit de tu- telles & curatelles, depofitaires & gardes de biens de Iuftice, eftabliffement de Commiffaire au regime, garde & adminiftration de fruicts & reuenus quel- conques, enfemble du logement de gens de guerre, coruées & fournitures de cheuaux, de harnois pour tirer l'Artillerie, munitions de guerre, & generale- ment de toutes autres fournitures & contributions quelconques, foit de fourages ou autrement, en quelque forte & maniere que ce foit : Defendant tres-expreffement à ceux des habitans qui feront pris pour donner aduis fur les departemens des logis def- dits gens de guerre, fournitures & contributions, d'y comprendre lefdits Commiffaires des Tailles, leurs Commis ou Procureurs, à peine de refpondre en leurs propres & priuez noms des dommages qu'ils en pourroient receuoir, & à tous Capitaines, Con- ducteurs defdits gens de guerre & foldats, d'y loger, fur les mefmes peines, & autres portées par nos Or- donnances, & pour defcharger auffi lefdits acque- reurs des frais que l'on à cy deuant faits payer à ceux qui ont acquis femblables Offices, qui retombent apres fur nous : lors que nous auons voulu faire le remboursement defdits acquereurs qui les emploient

en frais & loyaux cousts, Nous voulons que nos El-
leus seuls reçoiuent le serment desdits Commissaires,
s'ils veulent exercer lesdites charges en personne, ou
de leurs Fermiers ou Commis seulement, s'ils y veulent commettre ou affermer, & que les Contracts
d'acquisition, Commission ou Bail à ferme soient
seulement enregistrez au Greffe desdites Eslections,
pour raison de laquelle reception & enregistrement,
nos Officiers ne pourront prendre que la somme de
soixante sols, qui sera partagée entr'eux, comme il a
esté fait pour les anciens Commissaires, sans qu'ils
puissent prendre d'auantage, à peine de concussion.
Et ne pourront lesdits Commissaires, Fermiers ou
Commis, estre contraincts de faire enregistrer au
Greffe des Tresoriers de France leursdits contracts,
n'estant raisonnable que si petits Offices soient ab-
straincts de les faire enregistrer ailleurs qu'au Greffe
de nosdites Eslections : comme aussi nous dispensons
les acquereurs desdits Offices, de payer aucun droict
de marc d'or, d'obtenir aucunes lettres de prouision,
ny ratification, Nonobstant toutes Lettres & Arrests
à ce contraires, & autres qui pourroient estre don-
nez, & seront les acquereurs desdits nouueaux Offices installez en la iouyssance d'iceux en vertu des
quittances de finance & contracts d'adiudication
qui leur en seront expediez par nosdits Commissaires, lesquels contracts nous auons des a present vali-
dez & approuuez, validons & approuuons comme
s'ils auoient esté faits par nous en nostre Conseil,
sans que les acquereurs desdits nouueaux Offices en
puissent estre depossedez à l'aduenir, pour quelque
cause que ce soit, sinon en les remboursant à vn seul
payement, tant de la finance par eux payée, que de

celle qu'ils auroient remboursée ausdits Sergens &
autres Commissaires. SI DONNONS EN MAN-
DEMENT à nos amez & feaux Conseillers, les
gens tenans nostre Cour des Aydes à Paris, Presidens
& Tresoriers de France des Generalitez de ce Royaume, que le present Edict ils facent chacun en droict
soy, & comme à eux appartiendra, lire, publier &
registrer, & du contenu en iceluy iouyr & vser plai-
nement & paisiblement les pourueus desdits Offices,
sans permettre qu'il leur soit fait, n'y donné aucun
trouble ny empeschement, Nonobstant oppositions
ou appellations quelconques, & tous Edicts, & autres lettres à ce contraires : Ausquelles, & à la de-
rogatoire des derogates y contenues, Nous auons
desrogé & desrogeons par ces presentes : Et pour ce
d'icelles l'on pourra auoir affaire en plusieurs & diuers lieux, Nous voulons que sur les copies deuë-
ment collationnées par l'vn de nos amez & feaux
Conseillers, Notaires & Secretaires, ou faits soubs
seel Royal, foy soit adioustée comme au present ori-
ginal. Auquel afin que ce soit chose ferme & sta-
ble à tousiours, Nous auons fait mettre nostre seel à
cesdites presentes, sauf en toutes choses nostre droict,
& l'autruy en toutes.

DONNE à Compiegne au mois de May, l'an de
grace mil six cens vingt-quatre. Et de nostre regne
le quinziéme.

Signé,   LOVIS.

Et plus bas, Par le Roy,
                    DELOMENIE.

Et scellées du grand seau de cire verte sur double queuë en lacs de soye rouge & verte.

Et à costé,

Registré en la Cour des Aydes, ouy le Procureur General du Roy, pour estre executé selon leur forme & teneur, suivant l'Arrest du iourd'huy. A Paris le huictiéme iour de Iuillet, mil six cens vingt-quatre.

Par Ordonnance de ladicte Cour,
Signé,   **D V P V Y.**

EXTRAICT DES REGISTRES
de la Cour des Aydes.

V EV par la Cour, les Chambres assemblées, les Lettres patentes du Roy en forme d'Edict, données à Compiegne au mois de May mil six cens vingtquatre, signées, LOVIS. Et plus bas, Par le Roy, DELOMENIE. Et scellées du grand seau de cire verte, sur double lacs de soye rouge & verte. Par lesquelles, & pour les causes y contenues, sa Majesté a reuoqué l'Edict du mois de Iuin mil six cens vingttrois, Portant creation d'vn Commissaire Collecteur des Tailles, ensemble celuy du mois de
Portant creation des Offices des Sergens & Colle-

êteurs defdites Tailles, & cree & erigé en chef & til-
ere d'Office formé; vn fecond Commiffaire des Tailles, en toutes les Paroiffes des Generalitez de ce
Royaume où il y en a d'eftablis, pour eniouyr hereditairement par ceux qui en feront pourueus ou acquereurs, leurs hoirs & ayans caufe, aux mefmes hô-
neurs, priuileges, exemptions, pouuoirs & fonctions
attribuez aufdits anciens Commiffaires, ainfi que plus
au long le contiennent lefdites Lettres. Conclufions
du Procureur General du Roy, Et tout confideré:
LA COVR a ordonné & ordonne, que lefdites Lettres en forme d'Edict, feront regiftrées au Greffe d'i-
celle, pour eftre executées felon leur forme & teneur. Faict à Paris en la Cour des Aydes, le huictiéme iour de Iuillet l'an mil fix cens vingt-quatre.

Par Ordonnance de la Cour,
Signé,   DV PVY.

Collationné aux originaux, par moy Confeiller
& Secretaire du Roy,